Sonderpädagogischer Förderbedarf LE

Anni Kolvenbach

Grundlagen POLITIK

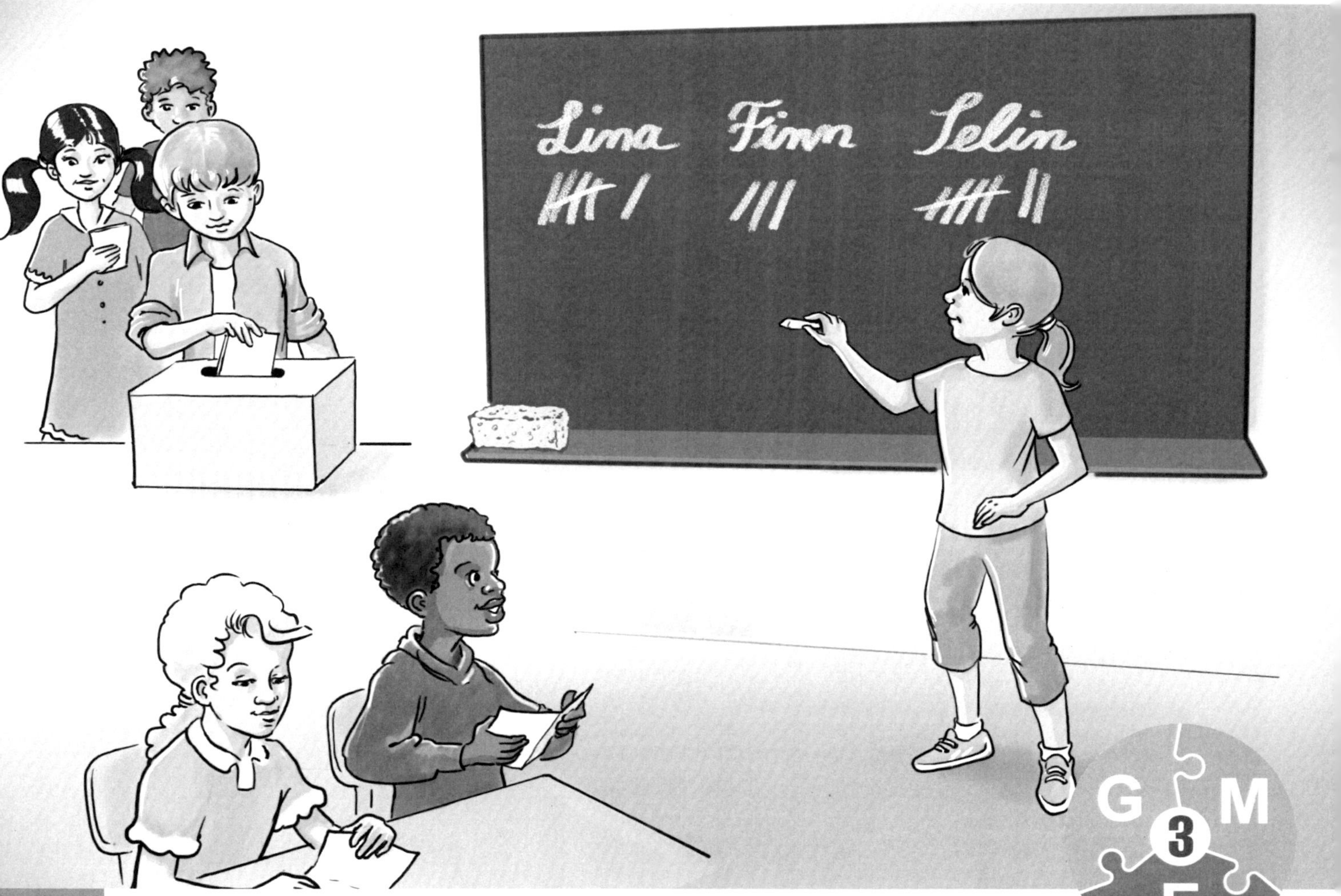

Lina Finn Selin

G M 3 E

24 **Politik**

Grundlagen Politik

Sonderpädagogisches Fördermaterial (Band 24)

2. Auflage 2025

Inhalt: Anni Kolvenbach
Coverbilder: © Scott Krausen & volondoff - AdobeStock.com
Redaktion: Kohl-Verlag
Grafik & Satz: Kohl-Verlag
Druck: Druckerei Flock, Köln

Bestell-Nr. 13 038

ISBN: 978-3-98841-056-6

Bildquellen – Alle Illustrationen: Scott Krausen

Kontakt: Kohl-Verlag, An der Brennerei 37-45, 50170 Kerpen
Tel: +49 2275 331610, Mail: info@kohlverlag.de

Inhalt

	Seite
Vorwort	4
Was ist Politik?	5-7
Die Landesregierung	8-10
Der Kreistag	11-13
Die Politik vor Ort	14-16
Kontrolle muss sein	17-19
Die Parteien	20-22
Die Wahl ist eine wichtige Verantwortung	23-25
Daran erkennt man das Land	26-28
Die Verfassung	29-31
Lösungsseite	32

Gender-Hinweis:

Auf den Arbeitsblättern ist stets nur die männliche Form genannt (bspw. Klassensprecher oder Bürger). Dies ist ausschließlich der einfacheren Lesbarkeit geschuldet und nicht despektierlich gemeint. Generell sind auch immer die weiblichen Begriffe inkludiert.

GRUNDLAGEN POLITIK
... aus der Reihe: Inklusion KONKRET (Band 24) – Bestell-Nr. 13 038
KOHL VERLAG

Vorwort

Liebe Kolleginnen und Kollegen,

das Feld „Inklusion" rückt immer mehr in den Bereich der Regelschulen und gerade in den gesellschaftswissenschaftlichen Fächern ist das Material rar. Das hat mich ermutigt, mein über Jahre gesammeltes Material neu zu sortieren und zu veröffentlichen.

DAS Kind mit einer Lernbehinderung gibt es nicht; der Grad der Lerneinschränkung ist so unterschiedlich, wie die Kinder selbst.

Nur, welche Anforderungen müssen die Kinder an einer Regelschule leisten? Wie hoch darf ich meinen Anspruch „schrauben"? Wie weit muss ich in meinen Erwartungen runter gehen? Diese Fragen stellt man sich meist, wenn man ein Kind mit einer Lerneinschränkung in einem Klassenverband der Regelschule sitzen hat.
Die Antwort ist eigentlich recht einfach: Die zu bietenden Leistungen des Kindes sind der Anspruch der Lehrer*in. Viel zentraler ist, dass die Kinder dabei sind, dass das Thema das Gleiche ist.

Dazu ein kurzes Beispiel: Die Klasse liest im Geschichtsbuch etwas zum Thema „Demokratie". Die SuS bearbeiten die Aufgaben und übertragen ggf. Abbildungen in ihr Heft. Schon beim Lesen beginnt oft die Hürde für ein Kind mit einer Lernbehinderung. Einige können „vorlesen" und erfassen den inhaltlichen Sinn nicht, andere könnten den Inhalt erfassen, wenn der Text etwas einfacher und kürzer wäre. Aber was das Wesentliche ist: Alle Kinder beschäftigen sich mit dem gleichen Thema, nur jedes auf andere Art und Weise.

Da Sie die Kinder mit einer Lerneinschränkung am besten beurteilen können, haben wir jedes Thema in drei Niveaustufen aufbereitet. Die Ampel signalisiert die Niveaustufen von 1 (ganz grundlegendes Niveau) bis 3 (inhaltlich selbst erfassendes Niveau).

Und nun wünschen wir Ihnen viel Erfolg beim Einsatz unserer

Kopiervorlagen- und Ideensammlung.

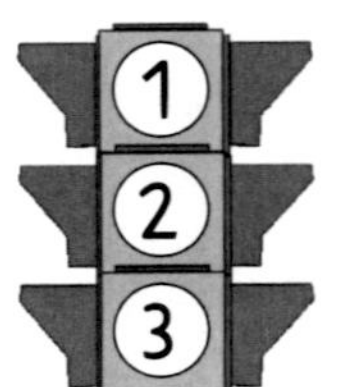

Der Kohl-Verlag und

Anni Kolvenbach

GRUNDLAGEN POLITIK
... aus der Reihe: Inklusion KONKRET (Band 24) – Bestell-Nr. 13 038
KOHL VERLAG

Name: ______________________________

Klasse: ______________________________

Was ist Politik?

Aufgabe: Erzähle was du siehst.

Erzählanlass:

- Es gibt zwei Vorschläge, was man machen könnte.
- Jedes Kind darf seine Hand nur für einen Vorschlag heben.
- Der Vorschlag, der die meisten Stimmen hat, hat gewonnen.
- Das ist fair. Es wäre gemein, wenn einer alleine bestimmt, was alle machen müssen.
- Das nennt man Demokratie.

KOHL VERLAG
GRUNDLAGEN POLITIK
... aus der Reihe: Inklusion KONKRET (Band 24) – Bestell-Nr. 13 038

Name: ______________________________

Klasse: ______________________________

Was ist Politik?

Aufgabe: Schaue dir die Bilder an. Lies anschließend die Aussage und kreuze an, ob diese richtig oder falsch sind.

Wir fahren in den Zoo.

Wir wollen Minigolf spielen.

Aussage	richtig	falsch
Der Klassensprecher entscheidet.		
Die Mehrheit entscheidet.		
Die Kinder fahren in den Zoo.		
Sie werden Minigolf spielen.		
Die Mädchen bestimmen, wo es hingeht.		

GRUNDLAGEN POLITIK
... aus der Reihe: Inklusion KONKRET (Band 24) – Bestell-Nr. 13 038
KOHL VERLAG

Name: ___________________________________

Klasse: ___________________________________

Was ist Politik?

Aufgabe: Lies den Text und beantworte die Fragen in deinem Heft oder Hefter.

Stell dir einmal vor, dass eine Mitschülerin oder ein Mitschüler in deiner Klasse alles bestimmen darf, was gemacht wird. Kein anderer wird gefragt oder darf mitbestimmen. Das wäre ganz schön blöd. Darum besteht bei uns das Recht, dass jeder mitbestimmen darf. Das nennt man Demokratie. Nur viele in eurer Klasse sind vielleicht einer anderen Meinung. Die einen sind dafür etwas zu machen und die anderen sind dagegen. Damit es gerecht ist, wird abgestimmt. Der Vorschlag, der die meisten Stimmen bekommt, wird umgesetzt. Alle müssen sich an das halten, was nun abgestimmt wurde. Das gehört auch zu einer Demokratie. Man muss sich dann auch mit dem einverstanden erklären, was man vielleicht nicht wollte. So wählt ihr zum Beispiel eure Klassensprecherin oder euren Klassensprecher. Es stellen sich verschiedene Leute vor und sagen, wie sie die Klasse am besten vertreten würden. Ihr wählt dann alle eine Mitschülerin oder einen Mitschüler, der die Klasse vertritt. Die Person, die die meisten Stimmen bekommt, wird Klassensprecherin oder Klassensprecher. Diese Demokratie ist ganz wichtig in unserer Politik.

1.) Wenn einer alles alleine bestimmt wäre das blöd. Darum stimmt man ab. Wie nennt man das?

2.) Schaue auf das Bild. Welcher Vorschlag wird angenommen? Vorschlag 1 oder Vorschlag 2?

3.) Warum wird der Vorschlag angenommen?

GRUNDLAGEN POLITIK
... aus der Reihe: Inklusion KONKRET (Band 24) – Bestell-Nr. 13 038

Name: ______________________

Klasse: ______________________

1

Die Landesregierung

Aufgabe: Lies und vervollständige.

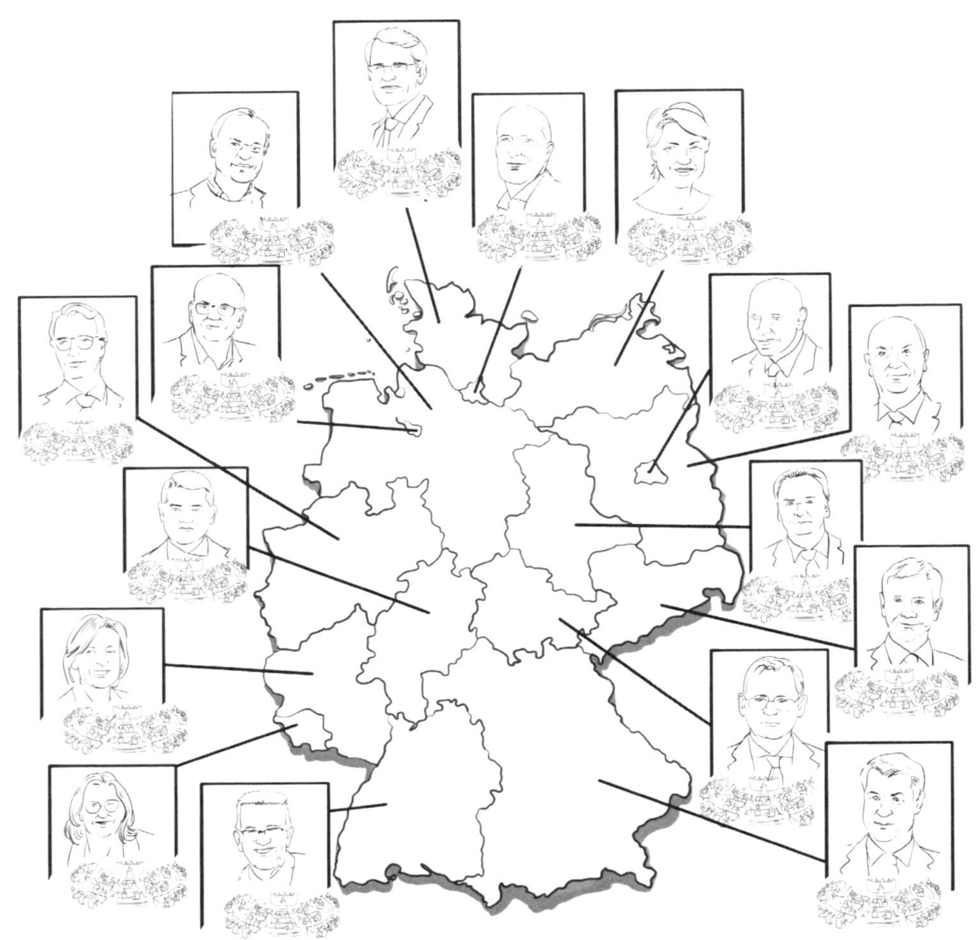

Die Leute wählen eine Partei in ihrem Bundesland.

Die Partei hat Ziele, die sie gut finden.

Jedes Bundesland wählt einen Präsidenten.

GRUNDLAGEN POLITIK
... aus der Reihe: Inklusion KONKRET (Band 24) – Bestell-Nr. 13 038
KOHL VERLAG

Name: ______________________________

Klasse: ______________________________

2

Die Landesregierung

Aufgabe: Schneide aus, ordne zu und klebe auf.

✂

Ministerpräsidenten.

Bundesländer.

Stimmen

Landesregierungen.

eine Partei.

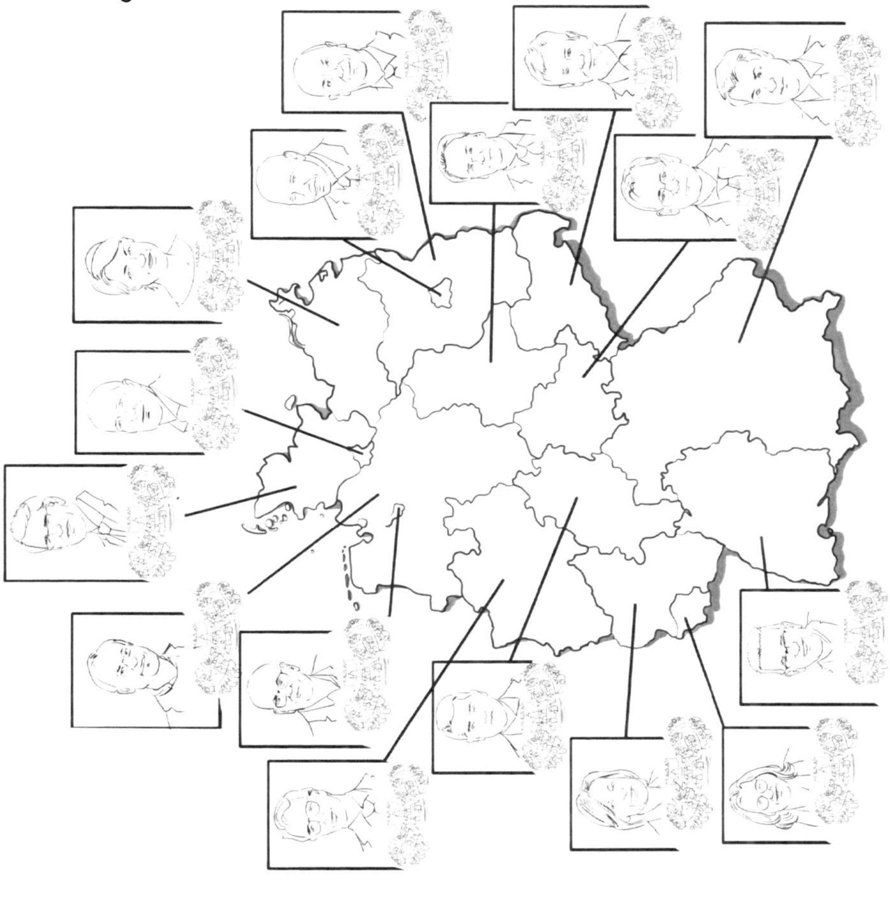

Deutschland hat ______ Die Leute in dem Bundesland wählen ______ Die Partei mit den meisten ______ hat am meisten Sitzplätze. Alle zusammen wählen den ______ Es gibt 16 Bundeländer und 16 ______

KOHL VERLAG
GRUNDLAGEN POLITIK
... aus der Reihe: Inklusion KONKRET (Band 24) – Bestell-Nr. 13 038

Name: ______________________________

Klasse: ______________________________

Die Landesregierung

Aufgabe: Lies den Text und fülle den Lückentext aus.

Jedes Bundesland wird von verschiedenen Politikern geführt. Welche Politiker das sind, das dürfen die Bürgerinnen und Bürger wählen. Diese Wahl ist geheim. Der Vorsitzende der Landesregierung ist der Ministerpräsident. Er ist zwar der Chef des Bundeslandes, darf aber auch nicht alles selbst bestimmen. Das muss er abstimmen lassen. Unterstützt wird er von anderen Landesministern für die verschiedensten Bereiche. Sie alle zusammen bilden die Landesregierung. Gemeinsam stimmen sie ab, welche Richtung man einschlägt oder was man innerhalb des Bundeslandes umsetzen will. Da wir 16 Bundesländer haben, gibt es auch 16 Landesregierungen und 16 Ministerpräsidenten.

Ein Bundesland wird von verschiedenen ______________________ geführt.
Die Bürgerinnen und Bürger ________________ diesen Politiker.
Die Wahl ist ________________. Der Vorsitzende der Landesregierung
heißt ______________________. Er darf aber nicht alles selber bestimmen.
Das muss er ________________ lassen. Er hat für jeden Bereich
einen ______________________. Alle Minister zusammen bilden die

______________________.

abstimmen – geheim – Ministerpräsident – Landesregierung – Politikern – wählen – Landesminister

GRUNDLAGEN POLITIK ... aus der Reihe: Inklusion KONKRET (Band 24) – Bestell-Nr. 13 038
KOHL VERLAG

Name: ______________________________

Klasse: ______________________________

Der Kreistag

Aufgabe: Lies und vervollständige.

Ein Bundesland hat verschiedene Landkreise. Die Bürgerinnen und Bürger, die in den Städten des Landkreises wohnen, wählen Vertreter einer Partei. Je mehr Stimmen diese Partei hat, umso mehr Politiker dürfen im Kreistag sitzen. Die Politiker werden meistens für vier Jahre gewählt.

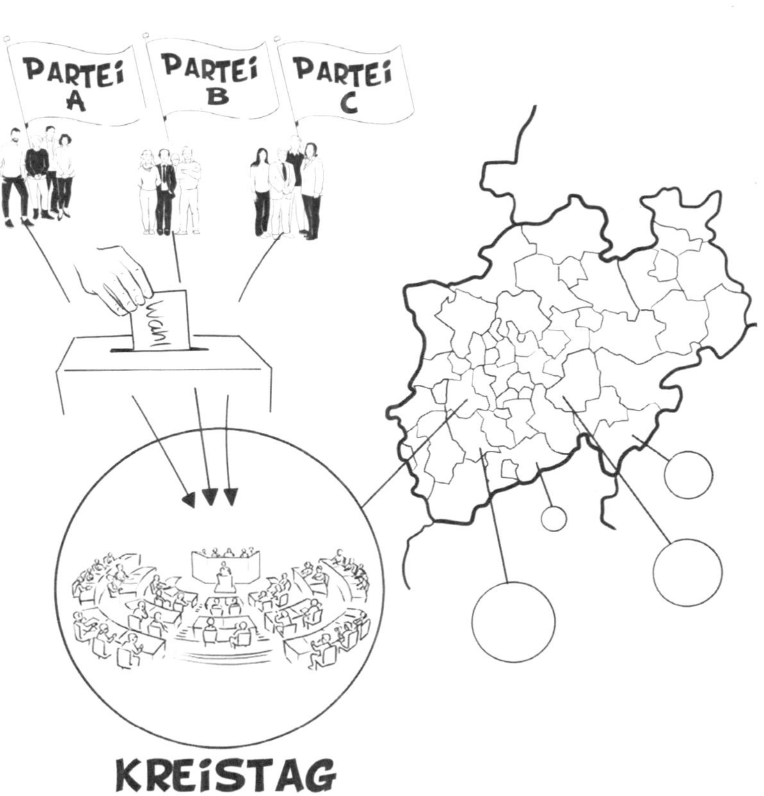

GRUNDLAGEN POLITIK
... aus der Reihe: Inklusion KONKRET (Band 24) – Bestell-Nr. 13 038
KOHL VERLAG

Name: ___________________________

Klasse: ___________________________

Der Kreistag

Aufgabe: Lies den Text, schneide aus, ordne zu und klebe auf.

Ein Bundesland hat verschiedene

[ ]

Die Bürgerinnen und Bürger, die in den Städten des Landkreises wohnen,

[ ] Vertreter einer

[ ] Je mehr Stimmen diese Partei hat, umso mehr Politiker dürfen im [ ] sitzen.

Die Politiker werden meistens für

[ ] Jahre gewählt.

Wenn eine andere Partei bessere

[ ] macht, dann kann es sein, dass sie bei der nächsten [ ] mehr Stimmen haben.

PARTEI A
PARTEI B
PARTEI C
Wahl
KREISTAG

Kreistag

vier

wählen

Partei.

Vorschläge

Wahl

Landkreise.

GRUNDLAGEN POLITIK ... aus der Reihe: Inklusion KONKRET (Band 24) – Bestell-Nr. 13 038
KOHL VERLAG

Name: ______________________________

Klasse: ______________________________

Der Kreistag

Aufgabe: Lies den Text und fülle den Lückentext aus.

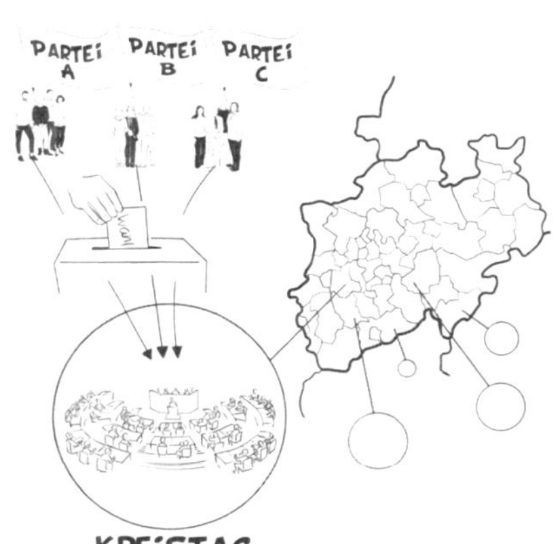

In jedem Bundesland gibt es einzelne Landkreise. Und hier wählt man wieder Vertreter verschiedener Parteien für diese Landkreise. Man schaut, wer die Meinung für den Kreis, in dem man wohnt, am besten vertritt. Diese Wahl ist für viele sehr wichtig, denn im Kreistag, wo dann alle gewählten Politiker sitzen, entscheidet man auch darüber, wie viel Geld für etwas bezahlt werden muss. Die Bürgerinnen und Bürger wählen die Vertreter der Partei, die ihre Meinung am besten unterstützen. So setzt sich der Kreistag aus den verschiedenen Parteien zusammen. Die Partei, die die meisten Stimmen bekommen hat, darf auch mehr Politiker in den Kreistag schicken. So wird bei einer Abstimmung ihre Meinung stärker, da sie mehr Stimmen haben. Die Politiker bleiben aber nicht für immer im Kreistag. In der Regel werden sie alle vier Jahre neu gewählt. Wenn eine andere Partei dann bessere Vorschläge macht, kann es sein, dass bei der nächsten Wahl eine andere Partei mehr Politiker in den Kreistag schicken kann.

In jedem Bundesland gibt es ______________________. Man wählt wieder ____________________ von Parteien, die eine Meinung für den Kreis vertreten. Die Bürgerinnen und Bürger wählen die Vertreter für den ________________. Die ______________, die mehr Stimmen bekommt, darf auch mehr Politiker in den Kreistag schicken. Die Politiker werden alle __________ Jahre neu gewählt.

Kreistag – Vertreter – vier – Partei – Landkreise

GRUNDLAGEN POLITIK
... aus der Reihe: Inklusion KONKRET (Band 24) – Bestell-Nr. 13 038
KOHL VERLAG

Name: ______________________________

Klasse: ______________________________

Die Politik vor Ort

Aufgabe: Schaue dir die Bilder an. Der Erzählanlass hilft dir, etwas über die Bilder zu erzählen.

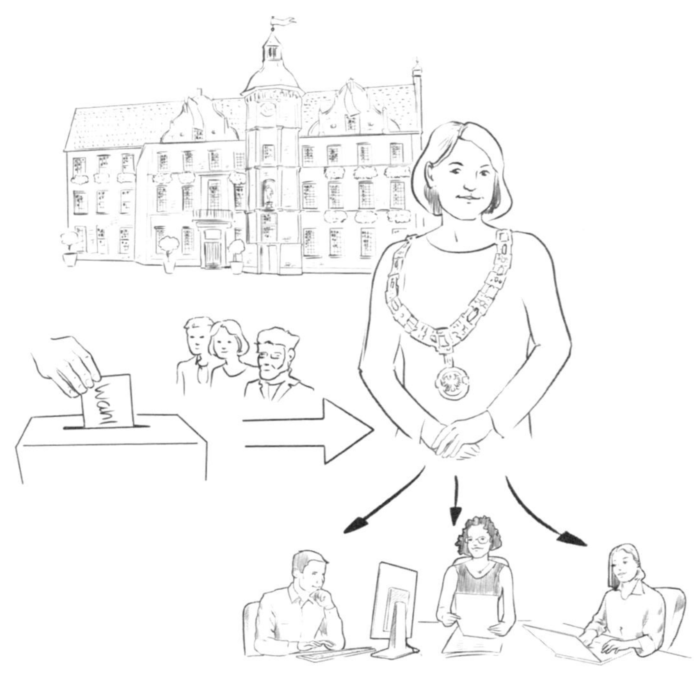

Erzählanlass:

Die Bürgermeisterin oder der Bürgermeister einer Stadt wird von den Menschen, die in der Stadt leben, gewählt. Sie ist die Chefin oder der Chef der Mitarbeiterinnen und Mitarbeiter im Rathaus. Sie oder er hält Reden und ist die erste Person, die die Stadt vertritt.

Erzählanlass:

In der Stadt arbeiten verschiedene Leute. Sie sitzen meistens in einem Rathaus. Sie kümmern sich um alles, was für die Stadt wichtig ist. Sie organisieren die Müllabfuhr, man kann heiraten oder sie stellen deinen Ausweis aus.

GRUNDLAGEN POLITIK
... aus der Reihe: Inklusion KONKRET (Band 24) – Bestell-Nr. 13 038
KOHL VERLAG

Name: ____________________

Klasse: ____________________

Die Politik vor Ort

Aufgabe: Was passt zu welchem Bild? Verbinde.

Die Bürgermeisterin wurde von den Bürgern gewählt.	Die Angestellten der Stadt sind auch für die Organisation der Müllabfuhr zuständig.	Die Angestellten der Stadt stellen Ausweise aus.
Die Bürgermeisterin vertritt die Stadt und hält Reden. Sie trägt die Bürgermeisterkette.	Die Angestellten der Stadt sitzen meistens im Rathaus.	Die Bürgermeisterin ist die Chefin der Angestellten im Rathaus.

GRUNDLAGEN POLITIK
... aus der Reihe: Inklusion KONKRET (Band 24) – Bestell-Nr. 13 038
KOHL VERLAG

Name: ______________________

Klasse: ______________________

Die Politik vor Ort

Aufgabe: Lies den Text und beantworte die Fragen in deinem Heft oder Hefter.

Ihr kennt bestimmt das Rathaus in eurer Stadt. Hier wird die Stadt verwaltet. Das heißt, man kümmert sich um alle Belange, die die Menschen in dieser Stadt betreffen. Das geht von der Ausstellung eines Ausweises bis hin zur Müllentsorgung. Um die Anliegen der Bürgerinnen und Bürger kümmern sich die Verwaltungsmitarbeiter. Sie sind in verschiedenen Fachbereichen tätig. Ihr Chef ist die Bürgermeisterin oder der Bürgermeister der Stadt. Um Bürgermeister zu werden muss man sich von den Bürgerinnen und Bürgern der Stadt wählen lassen. Man muss sie davon überzeugen, dass das was man vorhat gut für die Stadt ist. Je mehr Menschen man davon überzeugt, umso mehr Stimmen werden abgegeben. Die Wahl erfolgt ungefähr so, als wenn ihr eure Klassensprecher wählt. Da die Bürgermeister von möglichst vielen Leuten gewählt werden wollen, beschäftigen sie sich mit den verschiedenen Themen. Sie bieten etwas für Familien, für alte Menschen, für Jugendliche, für Kaufleute und, und, und.

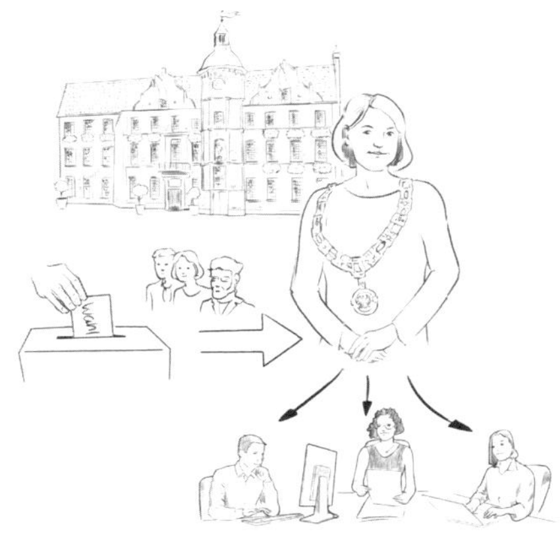

1.) Was wird im Rathaus getan?

2.) Wer kümmert sich um die Anliegen der Bürgerinnen und Bürger?

3.) Wer ist der Chef im Rathaus?

4.) Wer wählt die Bürgermeisterin oder den Bürgermeister?

GRUNDLAGEN POLITIK
... aus der Reihe: Inklusion KONKRET (Band 24) – Bestell-Nr. 13 038

Name: ____________________

Klasse: ____________________

Kontrolle muss sein

Aufgabe: Schaue dir die Bilder an. Der Erzählanlass hilft dir etwas über die Bilder zu erzählen.

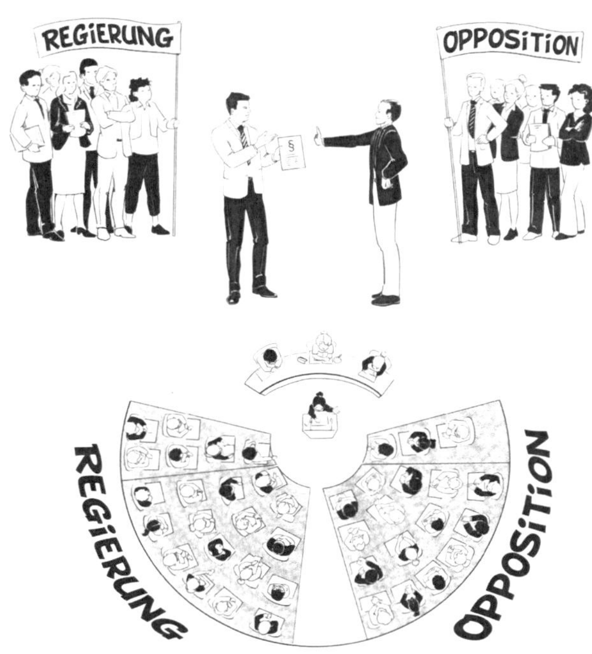

Erzählanlass:

Die größte Partei hat etwas zu sagen. Sie ist die Regierung. Darum treffen sie alle Entscheidungen. Ganz so einfach ist es aber nicht. Die kleinere Partei kontrolliert die größere Partei. Das nennt man Opposition. Die kleinere Partei kann keine Entscheidung treffen. Sie stellen aber unangenehme Fragen.

Erzählanlass:

Wenn eine kleinere Partei das gut findet, was eine andere Partei macht, dann können sie zusammenarbeiten. Das nennt man Koalition. Sie sprechen sich vorher ab, wie sie einen Vorschlag finden und stimmen dann gemeinsam ab.

KOHL VERLAG GRUNDLAGEN POLITIK ... aus der Reihe: Inklusion KONKRET (Band 24) – Bestell-Nr. 13 038

Name: ______________________________

Klasse: ______________________________

Kontrolle muss sein

Aufgabe: Lies den Text, schneide aus, ordne zu und klebe auf.

REGIERUNG

OPPOSITION

Nur die großen [ ] regieren. Sie nennt man darum [ ]

Die kleineren Parteien [ ] die großen Parteien. Darum nennt man sie [ ] Sie können keine eigenen Entscheidungen treffen.

Darum stellen sie unangenehme [ ] Wenn eine kleine Partei das gut findet, was eine große Partei tut, dann [ ] sie zusammen.

Das nennt man [ ]

✂

kontrollieren

arbeiten

Fragen.

Parteien

Regierung.

Koalition.

Opposition.

GRUNDLAGEN POLITIK
... aus der Reihe: Inklusion KONKRET (Band 24) – Bestell-Nr. 13 038
KOHL VERLAG

Name: ______________________

Klasse: ______________________

Kontrolle muss sein

Aufgabe: Lies den Text und beantworte die Fragen in deinem Heft oder Hefter.

Wenn nun eine Partei weniger Stimmen hat, dann können sie keine großen Entscheidungen treffen. Aber wenn sie genau der gegenteiligen Meinung der regierenden Partei sind, ist es ihre Aufgabe, diese Partei zu kontrollieren. Sie stellen unangenehme Fragen und dadurch müssen die regierenden Parteien immer ihre Arbeit offenlegen. Diese Kontrollgruppe, die aber keine großen Entscheidungen mitbestimmt, weil sie keine Verantwortung hat, nennt man **Opposition**. Wenn jedoch eine kleine Partei, die nicht so viele Stimmen hat, das gut findet, was eine größere Partei tut, dann können sie zusammenarbeiten. Das nennt man Koalition. So schafft es man es auch manchmal die anderen Parteien zu überstimmen. Man hat zusammen mehr Stimmen, als die anderen. Das zeigt nochmals, dass in einer Politik nicht jeder das machen kann, was er möchte.

1.) Kann eine kleinere Partei große Entscheidungen treffen? Sag genau, warum das nicht geht.

2.) Wenn die größere Partei regiert, was ist dann die Aufgabe der kleineren Partei?

3.) Wenn eine kleinere Partei das gut findet, was eine größere Partei macht. Was kann sie dann tun? Schaue auf das Bild links. Es hilft dir bei der Antwort.

GRUNDLAGEN POLITIK ... aus der Reihe: Inklusion KONKRET (Band 24) – Bestell-Nr. 13 038
KOHL VERLAG

Name: ______________________________

Klasse: ______________________________

1

Die Parteien

Aufgabe: Schaue dir die Bilder an. Der Erzählanlass hilft dir, etwas über die Bilder zu erzählen.

Erzählanlass:

Wenn Leute etwas gut finden, tun sie sich zusammen. In der Politik nennt man das Partei. Jede Partei hat ein anderes Ziel, das sie umsetzen möchte. Um andere Menschen von ihrem Ziel zu überzeugen, drucken sie Plakate und Handzettel. Je mehr Leute eine Partei gut finden, umso größer wird sie.

GRUNDLAGEN POLITIK
... aus der Reihe: Inklusion KONKRET (Band 24) – Bestell-Nr. 13 038
KOHL VERLAG

Name: ______________________

Klasse: ______________________

2

Die Parteien

Aufgabe: Lies den Text, schneide aus, ordne zu und klebe auf.

Wenn Menschen etwas gut finden,

dann tun sie sich [ ]

In der Politik nennt man diese

Gruppe [ ]

Jede Partei hat ein [ ]

In diesem Programm stehen die [ ]

der jeweiligen Partei. Um andere

Menschen von sich zu [ ]

drucken sie [ ] und

Handzettel. Je mehr Menschen das

gut finden, was eine Partei tut, umso

[ ] wird die Partei.

überzeugen

Partei.

größer

zusammen.

Plakate

Programm.

Ziele

GRUNDLAGEN POLITIK
... aus der Reihe: Inklusion KONKRET (Band 24) – Bestell-Nr. 13 038
KOHL VERLAG

Name: ______________________________

Klasse: ______________________________

Die Parteien

Aufgabe: Lies den Text und beantworte die Fragen in deinem Heft oder Hefter.

Wenn mehrere Menschen eine gleiche Meinung haben und gleiche Ziele verfolgen, dann tun sie sich zusammen. Natürlich ist man sich nicht immer in allem einig, aber in den meisten Dingen schon. Wenn man nun in die Politik möchte, dann nennt man diese Vereinigung von Menschen, die sich in vielem einig sind, Parteien. Diese Parteien gestalten ein sogenanntes Programm. Darin steht, welche Ziele sie verfolgen, was sie vorhaben und welche Ideen sie in Zukunft umsetzen möchten. Durch Werbung für ihre Partei, meist durch Plakate und Handzettel, machen sie auf ihre Ziele aufmerksam. Sie wollen andere Menschen von ihren Zielen überzeugen und dafür sorgen, dass man ihre Partei bei der nächsten Wahl wählt. Ein Parteivorstand wird von den Mitgliedern der jeweiligen Partei gewählt. Auch das passiert genauso, wie bei eurer Klassensprecherwahl. Aber der Parteivorstand kann nicht alles bestimmen, wie er es möchte. Er muss seine Vorschläge den Mitgliedern vorstellen und diese stimmen dann ab, ob man den Vorschlag umsetzt oder nicht.

1.) Wie nennt man die Vereinigung von Menschen, wenn sie sich zusammentun und in der Politik das gleiche Ziel haben?

2.) Die Menschen möchten wissen, was eine Partei tut. Was gestaltet die Partei?

3.) Wie macht eine Partei auf sich aufmerksam, um gewählt zu werden?

4.) Wer wählt den Parteivorstand?

GRUNDLAGEN POLITIK
... aus der Reihe: Inklusion KONKRET (Band 24) – Bestell-Nr. 13 038

Name: ______________________

Klasse: ______________________

Die Wahl ist eine wichtige Verantwortung

Aufgabe: Schaue dir die Bilder an und lies die Texte.

Wer wird Klassensprecher?

Lina, Finn und Selin möchten Klassensprecher werden.

Die Kinder der Klassen bekommen einen Zettel. Dort stehen die Namen drauf. Man darf nur **einen Namen** ankreuzen. Man darf nichts auf den Zettel schreiben. Wer nichts ankreuzt, ist auch in Ordnung.

Nun wird gezählt, wer die meisten Stimmen bekommen hat. Es ist Selin. Sie wird Klassensprecherin.

GRUNDLAGEN POLITIK
... aus der Reihe: Inklusion KONKRET (Band 24) – Bestell-Nr. 13 038
KOHL VERLAG

Name: ______________________________

Klasse: ______________________________

Die Wahl ist eine wichtige Verantwortung

Aufgabe: Schaue dir die Bilder an. Lies anschließend die Aussage und kreuze an, ob diese richtig oder falsch sind.

Aussage	richtig	falsch
Dominik möchte Klassensprecher werden.		
Die Kinder bekommen einen Zettel und dürfen nur einen Namen ankreuzen.		
Man darf auch etwas auf den Wahlzettel draufschreiben.		
Klassensprecher wird man mit den wenigsten Stimmen.		
Selin wird Klassensprecherin.		

GRUNDLAGEN POLITIK
... aus der Reihe: Inklusion KONKRET (Band 24) – Bestell-Nr. 13 038

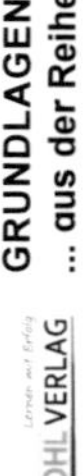

Name: ______________________________

Klasse: ______________________________

3

Die Wahl ist eine wichtige Verantwortung

Aufgabe: Lies den Text und schreibe das wichtigste in dein Heft oder deinen Hefter.

Alle, die die Berechtigung haben, können sich zur Wahl stellen. Zum Beispiel in eurer Klasse. Am Anfang des Schuljahres wird eine Klassensprecherin oder ein Klassensprecher gewählt. Diese Wahl ist ein Schuljahr lang gültig. Diese Zeit, für die jemand gewählt wird, nennt man Legislaturperiode. Da man die Klassensprecherin oder den Klassensprecher direkt als Person wählt, nennt man dies Personenwahl. Hier ist die Frage, wer die Klasse am besten vertritt. Bevor es also zur Klassensprecherwahl geht, sollten die Kandidatinnen und Kandidaten sich gut überlegen, wie sie die Klassenkameraden davon überzeugen wollen, dass sie die geeignetere Person ist. Anschließend werden Zettel verteilt und jeder darf nur einen Namen auf den Zettel schreiben oder bei dem Namen der Person ein Kreuz machen. Schreibt man zwei Namen drauf oder setzt mehrere Kreuze, ist der Wahlzettel ungültig. Diese Stimme zählt dann nicht. Schreibt man keinen Namen auf den Zettel oder setzt kein Kreuz, dann enthält man sich der Stimme. Man ist dann damit einverstanden, wen die Mehrheit wählt. In der großen Politik wählt man aber manchmal auch nicht eine Person, sondern eine Partei. Die Parteien haben vorher festgelegt, welche Mitglieder diese vertreten. Diese Wahl nennt man Listenwahl.

GRUNDLAGEN POLITIK ... aus der Reihe: Inklusion KONKRET (Band 24) – Bestell-Nr. 13 038
KOHL VERLAG

Name: ______________________________

Klasse: ______________________________

Daran erkennt man das Land

Aufgabe: Lies und verbinde.

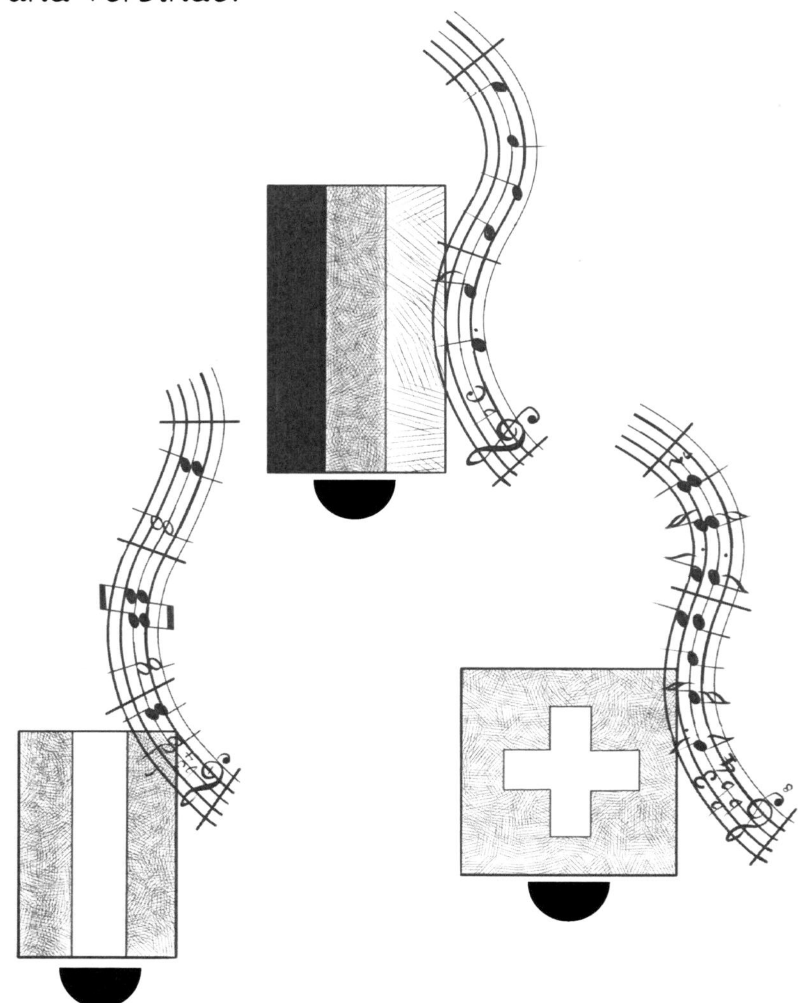

Die Flagge der Schweiz hat ein weißes Kreuz.

Österreichs Fahne hat einen weißen Streifen in der Mitte.

Die deutsche Fahne hat oben einen schwarzen Streifen.

GRUNDLAGEN POLITIK
... aus der Reihe: Inklusion KONKRET (Band 24) – Bestell-Nr. 13 038
KOHL VERLAG

Name: ______________________________

Klasse: ______________________________

Daran erkennt man das Land

Aufgabe: Lies den Text, schneide aus, ordne zu und klebe auf.

Jedes Land hat eine eigene

[ ]

An der Fahne erkennt man, um welches Land es sich handelt.

Auch hat jede Fahne eine

[ ]

Die Fahne des Landes Österreich hat einen [ ] Streifen in der Mitte.

Die Fahne des Landes Schweiz hat ein weißes [ ]

Die Fahne der Bundesrepublik Deutschland ist [ ] rot und gold.

Jedes Land hat sein eigenes [ ]

Fahne.

schwarz,

weißen

Lied.

Bedeutung.

Kreuz.

GRUNDLAGEN POLITIK
... aus der Reihe: Inklusion KONKRET (Band 24) – Bestell-Nr. 13 038
KOHL VERLAG

Name: ______________________

Klasse: ______________________

Daran erkennt man das Land

Aufgabe: Lies den Text und fülle den Lückentext aus.

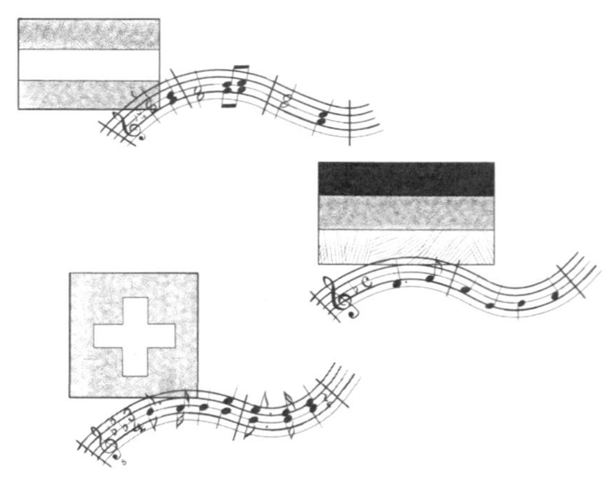

Gerade bei Sportveranstaltungen, wo mehrere Länder vertreten sind, erkennt man schon an den Fahnen, welche Länder es sind. Auch die Bundesrepublik Deutschland, Österreich und die Schweiz haben Landesfahnen. Die Fahne aus Österreich ist rot-weiß-rot. Sie geht auf eine Legende zurück, wo ein Leiter auf seine Truppe aufmerksam machen wollte. Die Fahne der Schweiz ist rot mit einem weißen Kreuz und soll die Freiheit der Menschen aussagen. Die Fahne der Bundesrepublik Deutschland besteht aus drei Farben: Schwarz – Rot – Gold. Diese Farben stehen für Einigkeit, Freiheit und Demokratie. Und so hat die Fahne eines jeden Landes seine eigene Bedeutung. Auch hat jedes Land ein eigenes Lied. Dies nennt man Nationalhymne. In der Bundesrepublik Deutschland ist dies die dritte Strophe eines alten Liedes. Den Text schrieb August Hoffmann von Fallersleben und Joseph Haydn, ein großer deutscher Komponist zur damaligen Zeit, schrieb die Melodie.

Jedes Land hat eine ______________________. Die Fahne aus ______________________ ist rot - weiß - rot, aus der Schweiz ist sie rot mit einem weißen ______________________ und aus Deutschland ist die ______________________ schwarz - rot - gold. Jede Fahne hat eine ______________________. Auch hat jedes Land sein eigenes Lied. Dieses Lied nennt man ______________________.

Nationalhymne - Österreich - Fahne (2x) - Kreuz - Bedeutung

GRUNDLAGEN POLITIK
... aus der Reihe: Inklusion KONKRET (Band 24) – Bestell-Nr. 13 038
KOHL VERLAG

Name: ______________________________

Klasse: ______________________________

Die Verfassung

Aufgabe: Schaue dir die Bilder an und erzähle, was du siehst.

Erzählanlass:

Wenn Menschen zusammenleben, dann kann es zu Streit kommen. Darum gibt es in jedem Land Gesetze, Regeln und Absprachen. Diese nennt man Verfassung. Alle Menschen müssen sich daran halten. Die Gesetze und Regeln legen fest, wer bei einem Streit recht hat.

Erzählanlass:

Auch Deutschland, Österreich und die Schweiz haben eine Verfassung und Gesetze. Die Polizei und die Gerichte sorgen dafür, dass sie eingehalten werden. Die Verfassung muss sogar von einem Land verteidigt werden.

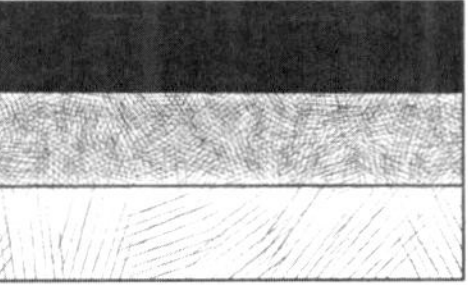

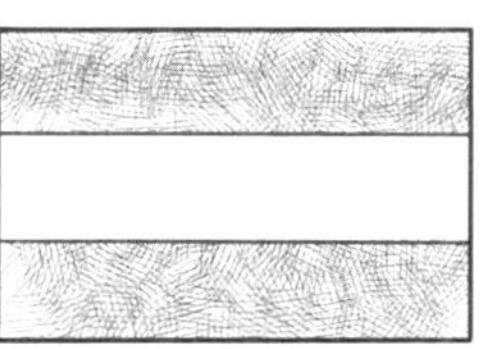

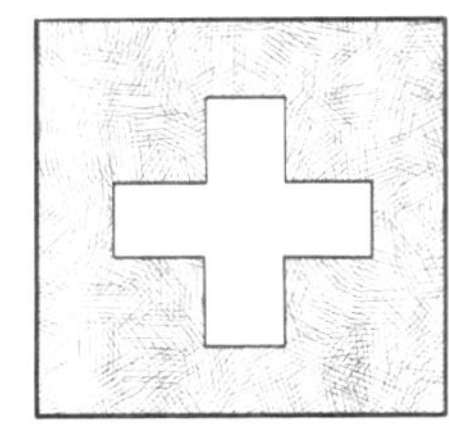

GRUNDLAGEN POLITIK
... aus der Reihe: Inklusion KONKRET (Band 24) – Bestell-Nr. 13 038
KOHL VERLAG

Name: 

Klasse:

Die Verfassung

Aufgabe: Lies die Texte und verbinde.

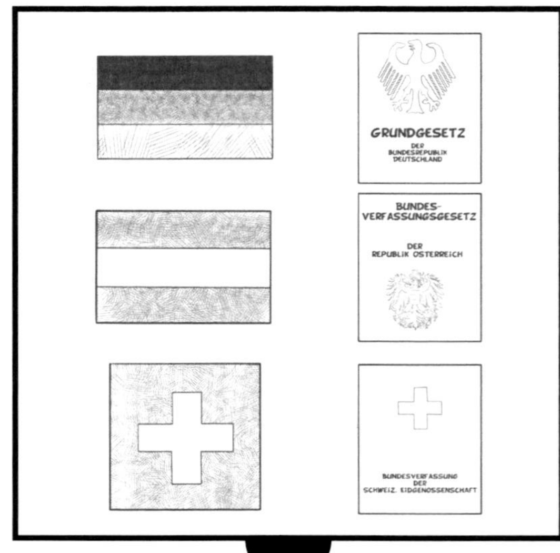

Jedes Land hat eigene Gesetze, Regeln und Absprachen.

Gesetze und Regeln sind wichtig, wenn Menschen zusammenleben.

Die Gesetze, Regeln und Absprachen nennt man Verfassung.

Gesetze regeln, wie Menschen nicht in Streit geraten.

Die Verfassung ist wichtig, dass ein Land sie verteidigen muss.

GRUNDLAGEN POLITIK
... aus der Reihe: Inklusion KONKRET (Band 24) – Bestell-Nr. 13 038
KOHL VERLAG

Name: ______________________________

Klasse: ______________________________

Die Verfassung

Aufgabe: Lies den Text und fülle den Lückentext aus.

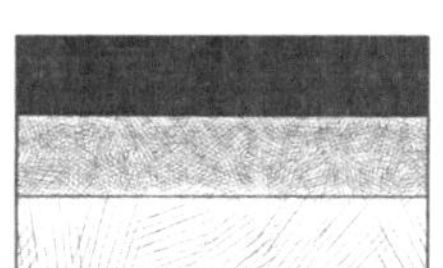

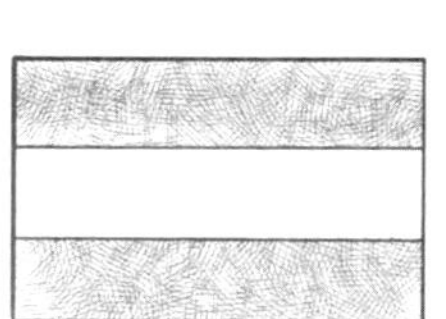

In einem Land gibt es Regeln, Gesetze und Absprachen. Diese sind ganz wichtig, damit ein gutes und weitgehend faires Zusammenleben möglich ist. Man nennt dies die Verfassung. Darum gelten diese Regeln, Gesetze und Absprachen für alle, die in einem Land leben. Sie müssen darum von allen Menschen eingehalten werden. Die Länder sind sogar verpflichtet diese Verfassung zu schützen und im schlimmsten Fall verteidigen. Das machen alle Behörden, die für Ordnung sorgen können, darunter die Polizei und die Gerichte. Diese Verfassung hat in den verschiedenen Ländern einen Namen. In Deutschland nennt man sie Grundgesetz. In Österreich und in der Schweiz sagt man Bundesverfassung.

In jedem Land gibt es ____________________, Regeln und Absprachen. Damit ein gutes und __________________ Zusammenleben möglich ist, ist dies ganz wichtig. Dies nennt man die ______________________. Diese Gesetze, ___________________ und Absprachen gelten für alle, die in einem Land leben. Sie müssen von allen Menschen ______________________ werden. Die Länder müssen die Verfassung ____________________ und im schlimmsten Fall verteidigen. Alle Behörden, darunter die ________________ und Gerichte, sind zuständig.

Regeln – faires – Polizei – eingehalten – Verfassung – Gesetze – schützen

GRUNDLAGEN POLITIK
... aus der Reihe: Inklusion KONKRET (Band 24) – Bestell-Nr. 13 038
KOHL VERLAG

Lösungsseite

Seite 7

1.) Wenn einer alles alleine bestimmt wäre das blöd. Darum stimmt man ab. Wie nennt man das? **Das nennt man Demokratie.**

2.) Schaue auf das Bild. Welcher Vorschlag wird angenommen? Vorschlag 1 oder Vorschlag 2? **Es wird der Vorschlag 2 angenommen.**

3.) Warum wird der Vorschlag angenommen? **Für den Vorschlag 2 haben sich mehr Kinder gemeldet.**

Seite 16

1.) Was wird im Rathaus getan? **Man kümmert sich um alles, was die Menschen in der Stadt betrifft.**

2.) Wer kümmert sich um die Anliegen der Bürgerinnen und Bürger?
Die Mitarbeiterinnen und Mitarbeiter im Rathaus kümmern sich um die Anliegen.

3.) Wer ist der Chef im Rathaus? **Die Bürgermeisterin oder der Bürgermeister ist der Chef im Rathaus.**

4.) Wer wählt die Bürgermeisterin oder den Bürgermeister? **Die Bürgerinnen und Bürger, die in einer Stadt leben wählen die Bürgermeisterin oder den Bürgermeister.**

Seite 19

1.) Kann eine kleinere Partei große Entscheidungen treffen? Sag genau, warum das nicht geht. **Da nicht so viele Leute die kleinere Partei gewählt haben, haben sie keine Mehrheit. Darum regieren sie nicht. Sie können keine Entscheidungen treffen.**

2.) Wenn die größere Partei regiert, was ist dann die Aufgabe der kleineren Partei?
Die Aufgabe der kleineren Partei ist es, die große Partei zu kontrollieren.

3.) Wenn eine kleinere Partei das gut findet, was eine größere Partei macht. Was kann sie dann tun? Schaue auf das Bild links. Es hilft dir bei der Antwort.
Dann kann die kleinere Partei mit der größeren Partei zusammenarbeiten.
Das nennt man Koalition.

Seite 22

1.) Wie nennt man die Vereinigung von Menschen, wenn sie sich zusammentun und in der Politik das gleiche Ziel haben? **Diese Vereinigung nennt man Partei.**

2.) Die Menschen möchten wissen, was eine Partei tut. Was gestaltet die Partei?
Die Partei gestaltet ein Programm. Darin steht, welche Ziele die Partei hat.

3.) Wie macht eine Partei auf sich aufmerksam, um gewählt zu werden?
Eine Partei macht mit Plakaten und Handzetteln auf sich aufmerksam.

4.) Wer wählt den Parteivorstand? **Die Leute, die zu der Partei gehören wählen den Parteivorstand.**

GRUNDLAGEN POLITIK
... aus der Reihe: Inklusion KONKRET (Band 24) – Bestell-Nr. 13 038
KOHL VERLAG